Seit meiner Kindheit war ich, Claudia Gorbach, auf der Suche. Irgendetwas fehlte... Es war ein Gefühl, als hätte ich etwas verloren.

Mitte 30 fand ich, durch eine wundersame Begegnung, den Weg zurück zu mir. Ich erkannte, dass genau dies die Begegnung mit mir selbst es war, was mir fehlte.

Jahrelang suchte ich verzweifelt im Aussen und habe erst spät erkannt, dass wir Menschen doch das ganze Leben nur auf der Suche nach unserem wahren „Sein" sind.

Seither haben sich viele mediale Kanäle aufgetan und weiter entwickelt.

Ich bin heute im Dienste für die Menschheits-Entwicklung tätig. Als Therapeutin für Rückführungen und Befreiung von Fremdenergien helfe ich den Menschen immer mehr zu sich selber zu kommen.

Durch meine Medialität verbinde ich mich mit der geistigen Welt und bekomme Informationen für meine Arbeit, unter anderem auch diese Gedichte.

Widmung

Profiteure der Liebe

Dies sind Gedichte der besonderen Art - Gedichte zum Aufwachen.

Im Namen der geistigen Welt widme ich diese Gedichte allen Menschen, die erkennen, dass es nun Zeit ist aufzuwachen.

Eine kleine Energie hat es geschafft, die ganze Welt still zu legen. Und genau diese Stille können wir jetzt nützen, um uns und unser Tun zu hinterfragen und zu reflektieren. Nun gilt es, in sich hinein zu hören und zu fragen, was wahr ist und was nicht, was Bestand hat und was umgewandelt, abgelöst werden kann.

Diese Gedichte, lieber Leser, möchten Dich begleiten in Deinem persönlichen Retreat.

Still sein - mit sich alleine -
in sich schauen.
Leer werden -
um daraus gestärkt hervor zu gehen.
Gestärkt, mit bedingungsloser Liebe -
die Welt neu gestalten.

Profiteure der Liebe

wende

aufgeschrieben
von
Claudia Gorbach

März 2020

© März 2020 Claudia Gorbach „Gorbach Verlag"
www.institutgorbach.ch

Herausgeber: Claudia Gorbach, Institut Gorbach
Autor: Claudia Gorbach, www.institutgorbach.ch
Umschlaggestaltung, Claudia Gorbach
Lektorat, Korrektorat: Angela Balsamo

Verlag und Druck: tredition GmbH, Halenreie 42, 22395 Hamburg

ISBN:
978-3-347-04820-1 (Paperback)
978-3-347-04821-8 (Hardcover)
978-3-347-04822-5 (e-Book)
Printed in Germany

Bibliografische Information der Deutschen Nationalbibliothek:
Die Deutsche Nationalbibliothek verzeichnet diese Publikation in
der Deutschen Nationalbibliografie; detaillierte bibliografische Da-
ten sind im Internet über http://dnb.d-nb.de abrufbar.

Bin ich? Nur ich?

Wie viele bin ich?
Nur ich - oder was?
Das gibt's doch nicht,...
dass da was spricht - das nicht bin ich!
Bin ich... in mir... rein und ganz allein?
Nur ich, in meiner Präsenz, im Sein?
Genug Frequenz von Spirit-Essenz?
Fremdfrequenz - Liebesfrequenz?
Fremdfrequenz? ...
- oder reine Essenz der Liebesfrequenz?
Was tun?
Was mach ich, wenn ich mich nicht fühle -
wie ich meine, - dass es ist - „nicht normal" mich so zu fühlen?
Was tun wenn ich denk -
„das bin nicht ich?"
Was tun, wenn ich mich fremd fühl -
„nicht mich?"
Was tun wenn ... -
„......?"
so viele Fragen... zum Verzagen!

Was hilft   mir - jetzt?
Bin ich, geerdet und verbunden?
Sehe ich manchmal in meine Wunden?
Nehme ich mir Zeit - sie auch zu pflegen?
Und wenn ich's tu - bin ich dann verwegen?
Bin ich, denn manchmal still - ... in mir?
Und horche hin - horch ihr zu, in Ruh,
was sie denn spricht - die Stille...
ja, - sie spricht.
Hör zu
!

Frag ich nach, was denn das soll?
Horch ich ihr zu,
was sie will mir sagen -
was nicht mehr stimmt und
ich glaub - muss ertragen?

Will ich raus aus diesem Grau?
Nehm ich's in meine Hand genau -
dies Grau!
und geb ihm Farbe,
ja genau!

Mach ich was draus?
Schau ich's an,
genau …
dieses Grau?
Frag ich's, was es denn -
so da macht -
bei mir?
Wo bist du her,
wo willst du hin,
was machst du da,
was ist der Sinn?
-
„Wieso bist du da -
da in mir drin?"
Mein Feld ist's, das sag ich dir!
Mein bist, sagst mir?

S'ist grau...
Genau, - es ist so schlau -
versteckt sich gern hinter dem Blau.

Schau, schau, da ist's das Ungewiss.
Schau mal dahinter
denn - eins ist gewiss -
die Ursach du dann entdeckst
und es sich auflöst - ganz verreckt!

Erstaunt bist dann - und stellt dir die Fragen -
wie konnte ich's - so lang ertragen?

Bin ich "ICH"?

(Claudia Gorbach)

Zuhause sein

Ich bin Dein,
ein heller Schein,
rein und fein,
sanft - bin Dein!
„So rein!"

„Vertraue!"

Geh rein - ins Licht hinein
und schein von dort,
rein und fein.

Es ist Dein Zuhause
„fein".

(Claudia Gorbach)

Emotion

Nanu, wer bist Du -
was machst mit mir?
Wirfst mich aus der Bahn,
was ist Dein Plan?
Du sagst,
dass Du hier gar nötig bist?

Ist es denn nötig, dass Du,
mich hier sogar nötigst?
Es gefällt mir nicht, wie Du da sprichst!

Mein Plan war's, ich hab dich erschaffen?
Deine Aufgabe erledigen tust du, sagst du?

S'hat sich erledigt, sag ich Dir!
Hast's nicht gemerkt?

Feuer entfacht -
will gelöscht werden - mit Andacht!

Dann möchte ich Dir danken, ohne zu klagen!
Hast gut getan, muss ich schon sagen!
Doch, brauch Dich nicht mehr,
gib Dich nun her.
Frei bist jetzt - schick Dich zurück.
Ins Licht gehst jetzt!
Zu Spirit wirst!
Dank Dir recht schön!
Nimm alles mit,
damit ich energetisch wieder fit!

(Claudia Gorbach)

Tugenden

Frei von Bindung bin -
losgelöst von allem,
was hinderlich ist für's Licht.

Unterscheidungsvermögen mög ich haben,
und mög Einkehr halten - erkennen, wenn die Habgier mich bricht.

Zufrieden, ohne Begierden sein,
das ist fein und rein.
So will ich sein!

Vergebung üben und auch die Toleranz hinzufügen -
s'nimmt Zorn und auch Arroganz,
sowie Ärger die Substanz.

Bescheidenheit statt Eitelkeit -
und sogleich, soweit und frei, wird's gleich.

So bist im Licht -
ganz leicht.

(Claudia Gorbach)

Herzöffnung

Das Herz zu öffnen,
mein Zweck im Leben ist.
Dich anheben, auf das Du stark im Herzen bist
und nach der Liebe sprichst.
„Herzöffnung ist's"

(Claudia Gorbach)

Licht

Hoffnung mein, bereit sein -
Insgeheim,
ist's schon in mir - s'wartet auf mich -
auf das es ausbricht.

Das es scheint und Hoffnung versprüht -
bis es verinnerlicht ist –
das Licht.

„Verbreite mich!"

(Claudia Gorbach)

Zum Wohle Aller

Ich bin die „Liebe",
und warte geduldig auf Dich,
bis Du mich verinnerlichst.

Ich bin die „Weisheit",
stehe Dir stets zu Diensten,
damit Du mich einsetzt aller Zeit -
und weiter gibst bei Gelegenheit.

Ich bin die „Spirituelle Macht",
bring mit Vertrauen und Kraft -
sowie die Intuition,
sie gibt auf Dich acht.

Wir wollen hier auf Erden,
die Liebe,
die Weisheit
und spirituelle Macht Euch bringen,
Euch dienen immer gerne.

Auf dass es Euch,
geliebte spirituelle Wesen,
auch immer möge wohl ergehen.

(Claudia Gorbach)

Im Vertrauen

Blau strahlend,
im Glanz der Einheit,
des Ganzen dem Sein, in seiner reinsten Form,
zeigt er sich mir - zu sagen,
ja, ich bin da!

Mir zu zeigen -
ich kann im Vertrauen mich weigen.

Mich zu leiten -
so ich -
bereit bin.

(Claudia Gorbach)

Ich erkenne

Du seelische Regung,
Du körperliche Empfindung;
verstehe Euch und nehm Euch wahr!
„Du Emotion,
erkenne dich!
Den Hintergrund,
erforsche ich
und
transformiere Dich!"

(Claudia Gorbach)

Spielende Seele

Spielende Seele bin ich,
fähig und bereit,
den Menschen zu dienen.

Auf den Ebenen der Existenz,
mit göttlicher Frequenz.

Die Liebe,
die Weisheit,
die Freude und das Mitgefühl,
meine Begleiter sind.

(Claudia Gorbach)

Mein Spiel

Sinn oder Unsinn?
Was liegt darin?

Als menschlicher Körper, hier?
Und der Sinn?

Regeln über Regeln,
göttliche Gesetze heisst's, sind sie.

Gerecht sei es,
wie's hier zugeht.
Wo liegt der Sinn darin?

Nimm sie an, die Herausforderung!
Spiel mit und sei dabei,
bist nun schon da,
was soll's.

Such Dir den Platz, der Dir gebührt
und nähr Dein Herz,
damit es blüht und um dich herum die Samen versprüht,
damit die Herzenswärme blüht!

(Claudia Gorbach)

Gewohnheiten

Eitelkeit, nennt man mich.
Bin ich nicht schön,
- das brauche ich!
Schönheit, Pracht, Anmut und Macht,
ist's, was mich ausmacht.

Die Sturheit bin ich,
s'hilft mir sehr,
durchzudrücken, was ich find fair.

Debatte bin ich endlos lang!
Endlose Debatten -
liebe ich,
sie nähren mich,
führen zu nichts, - das liebe ich!
S'ist mein Plan und funktioniert.
Gibst du nicht Obacht,
so hab ich dich.

Meinung ist - find ich -
was ich vertret - das wichtig ist.
Mit allen Mitteln, die ich hab,
mich zu bekunden, was ich sag.
Bedeutung hat's, das, was ich meine,
höre zu und sag nichts dreine.

Ich steh dazu - kein Kompromiss!
Es macht mir Spaß,
mich regelrecht zu wehren
und mich Kompromissen zu verwehren.

Recht hab ich!
Das tut mir gut,
bin überzeugt und vehement,
verteidige ich, was ich denk.

Worte sag ich, wann's mir passt,
s'hört eh jeder zu,
das macht mir Spaß.

STOPP!
Mach Halt und denk mal nach,
Gewohnheit ist's,
die Dich in der Mangel hat.

(Claudia Gorbach)

Treiben

Reinigen tu Dich jetzt fein,
hab Zeit geschenkt für dieses Sein.

Einkehr ist's,
die jetzt kann bringen,
auf dass Du bedenkst,
was nicht mehr kann stimmen.

Am Ende wird es ganz gewiss
was Neues sein, das Du dann sprichst.

Auch Dein Tun wird sich verändern,
Worte und Taten,
aus Liebe - nicht aus Triebe.

Getrieben seid ihr gewesen,
geliebte Wesen.

Von was lässt du dich treiben?
...treiben...

(Claudia Gorbach)

Reif

Die Zeit,
ist reif - für
Zufriedenheit,
im Sinne von Geborgenheit.

Einheit ist's, die dich stärkt,
in dir allein,
klar zu sein.

Rein, fein,
in dir allein,
Ehrlichkeit dazu - Nanu!
Was sagst du dazu?

(Claudia Gorbach)

Spinnen

Virus bin ich -
von Dir gekommen,
um Dir zu sagen,
wie weit Du nun gekommen.

Entfernt von Dir,
bist - schon lange Zeit!

Kehr um - ins Herz,
verbring sinnvoll die Zeit!
Nicht Schmerz - verbreit!

Lieb dich,
spiel dich,
träum dich mit allen Sinnen,
die Zukunft spinnen!

Jetzt!

(Claudia Gorbach)

Aufwachen!

Aufwachen! Aufwachen!

Ganz geschwind, so dass uns -
die Krise gut gelingt!

Sie zu nützen für aller Glück,
mit allen Sinnen,
s'ist nicht verrückt!

-

Sinnvoll Dinge jetzt vollbringen,
mit allen Sinnen!

(Claudia Gorbach)

Sinne

Besinnen
auf die Sinne…
„sinnen?"

Wo sind sie?
In mir drinnen sagst du?
Besinnen sagst du?
Auf was denn sinnen?

Die innere Stimme
ist es, die ich meine!
-
Such sie, find sie und aktiviere!
Stimmig sein -
Tongeber mein!

(Claudia Gorbach)

Macht

Jawohl!
Ich liebe es -
Macht haben,
Meinung machen,
keine Kompromisse machen,
durchdrücken, was mir wichtig ist.

Endlose Debatten schüren,
Recht behalten und führen.

Außen oder Innen?
Wo bin ich hier?
Was ist da los?!
Was bin ich bloß?

Bin ich - in meiner Kraft?
Oder lenkt mich was,
das irre macht?

Meiner Kraft?

Welche Macht herrscht in mir drin,
auf das ich tu so viele Ding,
die nicht der Menschheit dienlich sind.

(Claudia Gorbach)

Wendepunkt

Du bist's -
der hier das Sagen hat!
Wenn Du auch sprichst mit mir,
der Liebe,
in Dir der spirituellen Macht.

Setz mich ein,
zum Wohle Aller,
und ich wer'd dir beisteh'n
Tag und Nacht.

(Claudia Gorbach)

Spirituelle Macht

Das, was ich immer hab?

Dinge,
die ich immer bei mir hab,
sind jetzt die größte spirituelle Kraft!

Du
wirst es finden auch in dir,
glaube mir!

Jetzt
ist die Zeit es auch zu nutzen,
die Liebe und Macht - die Spirituelle!

Das es ist wahr,
das wisst ihr schon.
Nun setzt es ein!
Dann ist es schon!

Bin immer da.
Nur nützt es nichts,
wenn du mich nicht nützt
und verinnerlichst!

(Claudia Gorbach)

Unterscheidungsvermögen

So geb ich Dir zur Hand,
jetzt gleich,
einen Vergleich.

Liebe und Sicherheit,
oder
die Verwegenheit?

Entscheide Du!
Was soll hier leben,
und mit was
der Erde ihre Kraft zurückgeben.

Du
hast jetzt zum Wendepunkt,
ganz den speziellen Grund.

Dass gerade Du bist hier auf Erden,
um zu verstehen,
wer und was, tut sie beleben.

Was hat Bestand,
hier auf Erden...?

Bist du Roboter oder Mensch?

Jetzt,
ist es an der Zeit zu tun,
für was du hier verweilest nun.

(Claudia Gorbach)

Geduld

Geduld,
ist jetzt auch angesagt,
damit die Panik jetzt versagt.

Bezieh Dich jetzt auf diese Sach,
mache,
was Dir Freude bring und Kraft!

Sei in der Liebe,
Deiner spirituellen Macht,
auf dass sie sich verbreiten mag.

Mach! Mach!

(Claudia Gorbach)

Stern

Ich schicke Dir einen Stern,
so fern,
doch ist er nah bei Dir gar gern.

„Schütz Dich,
führ Dich,
geb Dir Impulse,
so dass Dein Herz
sich mit Liebe erfülle."

Es gibt Momente,
auf dieser Erde,
die verstanden,
gerade nicht gerne.

Sei im Herzen,
rein und fein,
so wird Dir,
das Glück
immer holde sein.

(Claudia Gorbach)

Energie

Rattern und flattern,
rundherum.
Energetischer Wirbel,
Sturm -
um uns rum.

Brumm, summ,
herum - herum...

Energien, hier und dort
und auch da,
auch hier bei mir, schon wieder fort.

Solche und solche, sind dabei.
Du spürst sie, die Energie!
Ei, ei...

Welche kommt,
und welche geht?
Welcher gibst Du Platz?
Oh weh!

Welche nimmst Du jetzt wohl an?
Welche schaust Du Dir genauer an?
Welche findest Du obwohl
sie Dir nicht gefällt in Deiner eigenen Präsenz?
Welche veränderst Du, in eine liebende Frequenz?
Welche darf bleiben und macht Dich froh?
Welche ist Gier? ...was macht's mit Dir?

(Claudia Gorbach)

Phantasie

Phantasie,
komm her, ich bitt Dich sehr,
würdigen will ich Dich,
nun wirklich sehr.
Und bring Ideen mit,
damit nun ich –
komm durch die Krise,
…fix!

Langeweile,
kannst jetzt gehen.
Danke schön!
Und nimm den Stress
grad mit.
Das ist ein Hit!

Rein ins Licht mit Euch Beiden!
Auf dass Phantasie mög werden aus Euch zweien
…fix!

(Claudia Gorbach)

Freie Energie

Freie Energie - kommt jetzt geschwind,
wie ein Wirbelwind.

Aus ist's mit der Knebelei!
Jetzt gleich!

(Claudia Gorbach)

Die Karten werden neu gemischt

Dort genommen - hier gegeben.
Robin Hood,
wird's wohl noch geben…

Er nimmt,
wo's nicht mehr stimmt,
und gibt,
wo's nötig ist,
auf dass es in Zukunft
friedlich ist.

Freiheit wird dann Einzug nehmen,
ins - weltliche Geschehen…

Frei wirs't sein und alles haben,
was nötig,
um nicht zu verzagen.

Liebe ist's,
die sich dann sogleich verbreitet
und Dein Hirn ganz schnelle weitet.
Ganz schnell, geht's jenen an den Kragen,
die andere wollen plagen.

Auf die Liebe stoss ich an.
Prost! - Sag ich dann.

Genieß Dein Leben und trag bei,
Dein Teil, damit nun falle die Geißelei!

(Claudia Gorbach)

Bis bald

Das war's, was ich will Dir nun sagen,
Du kannst dich ruhig wagen!
Erhebe dich, Du liebe Seele -
mach, mach, mach…
und lebe!

Bis zum nächsten Mal,
und tschüss, bis bald -
und baba.

UNBEWUSSTES WAR: Ungerechtigkeit, Fanatismus, Spaltung, Selbstsucht, Unzufriedenheit, Gier, Neid, Übertreibung, Falschheit, Egoismus, Pessimismus…

BEWUSSTES IST: Gerechtigkeit, Wohlwollen, Hilfsbereitschaft, Wahrhaftigkeit, Bescheidenheit, Authentizität, Gelassenheit, Toleranz, Liebe…

Alle Gedichte wurden Claudia Gorbach office@institutgorbach.ch mittels „Automatischer Schrift" aus der spirituellen Welt übermittelt.
Sie sind ein Geschenk der Liebe an die Menschen.

ZUM GELEIT

Wenn wir uns öffnen für höhere Wesen,
kann unsere Seele genesen.
Licht kann uns werden,
viel heller als Licht auf Erden.
Liebe will sich weiten
uns zu Gott zurückgeleiten.

(Trutz Hardo)

Zeitfracht Medien GmbH
Ferdinand-Jühlke-Straße 7
99095 Erfurt, Deutschland
produktsicherheit@kolibri360.de